Maria Gruber

TIROLER SPEZIALITÄTEN

KOMPASS Küchenschätze

Ein Wort zuvor

Von den herzhaften Gerichten und der Vielseitigkeit der Rezepte ist jeder Besucher Tirols immer wieder begeistert.

Jahrhundertelange Einflüsse der Nachbarländer, dazu eine bodenständige bäuerliche Küche haben den Speisezettel maßgeblich beeinflusst. Die einstmals karge Kost der Bauern beruhte in erster Linie auf dem Einsatz von Getreide- und Milchprodukten. Fleischspeisen hingegen kamen seltener auf den Tisch, häufig nur an hohen kirchlichen Feiertagen.

Auch heute gibt es noch eine ganze Reihe von Spezialitäten, die man mit Tirol verbindet und die ihre Wurzeln in der bäuerlichen Küche haben. Darüber hinaus kennt und schätzt man aber auch eine Vielzahl anderer, gerngekochter Rezepte.
In diesem Buch finden Sie daher, neben delikaten und gehaltvollen Suppen, verschiedene beliebte Haupt- und Zwischengerichte. Tiroler Knödelrezepte gehören genauso dazu wie auch die vielerorts bekannten Mehlspeisen. Das letzte Kapitel ist dem Schmalzgebackenen und anderen Backspezialitäten gewidmet.
Auch das traditionelle Backen von Brot ist in Tirol sehr beliebt. Daher habe ich hierzu für Sie ein kleines Kapitel zusammengestellt, das schöne Rezepte und darüber hinaus auch eine ganze Reihe von Tipps zum Backen und zur Teigzubereitung liefert. Daran anschließend werden die besonders landestypischen Gerichte kurz beschrieben und schließlich finden Sie

eine Erklärung der küchen- und kochtechnischen Begriffe mit einem kleinen Küchenlexikon als „Sprachführer" durch das Land.
So wird es Ihnen sicher leicht fallen, die verschiedenen Spezialitäten schnell kennen zu lernen und mit Freude nachzukochen. Dabei wünsche ich Ihnen viel Freude und immer ein gutes Gelingen.

Ihre
Maria Gruber

Inhalt

Tiroler Spezialitäten - ein kleiner Überblick

Die Tiroler Küche – das bedeutet mehr als nur die bekannten Speisen wie „Speckknödel" oder „Tiroler G'röstl" – die beiden Gerichte, an die man zuerst denkt.
Dennoch, die bodenständige Tiroler Kost war ursprünglich eine recht karge Bauernkost. Am Morgen gab es oftmals eine einfache „Brennsuppe" oder ein Mus, zum Mittag Nocken oder Knödel, zur Marende Milch mit kräftigem Brot und am Abend ein Mus oder eine dicke, gehaltvolle Suppe.
Die hauptsächlichen Gemüsesorten waren Kraut, Rohnen (Rüben) und Fisolen (Bohnen), dazu Erdäpfel (Kartoffeln), die auf verschiedene Arten verarbeitet wurden. Fleisch servierte man früher nur selten. Geschlachtetes Frischfleisch musste stets haltbar gemacht werden. Das Pökeln und Einlegen in eine Flüssigkeit aus Wasser (und Wein) mit anschließendem Räuchern (Selchen) war daher die einzige Lösung zur sinnvollen Konservierung.
Auch heute wird der berühmte **Tiroler Speck** in hoher Qualität so hergestellt.
In vielen Gerichten ist er ein wichtiger Bestandteil oder findet zur geschmacklichen Abrundung seine Verwendung, so beispielsweise bei den aromatischen **Speckknödeln** und dem **Tiroler G'röstl**, einem Gericht aus blättrig geschnittenen Erdäpfeln (Kartoffeln) und Schweinefleisch. Die Tiroler Küche bietet neben diesen ursprünglich bäuerlichen Gerichten eine Vielzahl anderer, attraktiver Speisen, die heute ihren festen Platz auf dem Speiseplan haben. Aus der Küche der Bürgerhäuser stammt das Rezept für die **Tiroler Leber**. Typische Suppen sind die **Saure Suppe** und die traditionelle **Gerstensuppe**, die im wesentlichen aus Rollgerste (Graupen) und geselchtem (geräuchertem) Schweinefleisch zubereitet wird. Daneben gibt es viele ver-

Tiroler Speckjause mit Schnapsl

schiedene „Nocken“ aus Nudel- oder Kartoffelteig. Eine besonders sättigende Spezialität sind die **Kasspatzeln**.
Typisch für die Küche Tirols ist auch Schmalzgebäck, hier seien vor allem die **Strauben** erwähnt.
Bereits in der Vorweihnachtszeit werden die gehaltvollen **Zelten** gebacken. Hierbei handelt es sich im weitesten Sinne um ein Früchtebrot, das aus getrockneten Zwetschken (Pflaumen), Kletzen (Birnen), Feigen und Zibeben (große Rosinen) sowie verschiedenen Nusssorten hergestellt wird.
Nach einem guten Essen oder zu einer kräftigen Jause wird gerne ein guter **Schnaps** getrunken. In Tirol findet man neben dem einfachen Obstler auch Edelbrände wie beispielsweise einen kräftigen Enzian.

Kleines Küchenlexikon

Apfelkren	Meerrettich mit geriebenen Äpfeln
Aranzini	Orangeat
Backfett	Fett zum Ausbacken
Beuschel	Speise aus klein geschnittenen Innereien
Blaukraut	Rotkohl
Bratreine	Bratgeschirr, meist emailliert
Dampfl	Hefevorteig
Eidotter	Eigelb
Eiklar	Eiweiß
Einbrenne	in schäumender Butter angebräuntes Mehl
Erdäpfel	Kartoffeln
Fisolen	grüne Bohnen
Gelbe Rüben	Karotten, Möhren
Germ	Hefe
Gerstl	Graupen
G'selchtes	geräuchertes Schweinefleisch
Graukäse	pikanter, intensiver Almkäse
G'röstl	gebratene Kartoffeln mit Bratenfleisch
Hendl	Hähnchen
Holler	Holunder
Kipferl	Hörnchen
Kletzen, Kloatzen	getrocknete Birnen
Knödel	Klöße aus Semmeln (Brötchen)
Koch	Auflauf, gekochte Speise
Kraut	Weißkohl
Kren	Meerrettich
Kutteln	Rinder- oder Schweinemagen
Lauch	Porree
Maibutter	halbgeschlagener Rahm (Süße Sahne), bestreut mit Zimt und Zucker
Marende	Imbiss am Nachmittag
Marillen	Aprikosen
Mus	Milchkoch

Neugewürz	Piment
Nocken	längliche Klößchen aus Nudel- oder Kartoffelteig
Paradeiser	Tomaten
Pignoli	Pinienkerne
Plenten	Gericht aus Maisgrieß oder Maismehl
Rahm	süße Sahne
Ribisel	Johannisbeere
Rindsuppe	Fleischbrühe
Rohne	Rote Rübe
Saure Suppe	Brennsuppe mit Kutteln
Selchfleich	geräuchertes Schweinefleisch
Semmel	Brötchen
Semmelbrösel	Paniermehl
Staubzucker	Puderzucker
Stelze	Schweine- oder Kalbshaxe
Strauben	kreisförmiges Teiggebäck, in Fett ausgebacken
Schlagobers	Schlagsahne
Schlegel	Keule
Schmarrn	gebackener und zerteilter Pfannkuchen
Schöps	Hammel
Schwammerl	Pilze
Schwarzbeeren	Heidelbeeren
Topfen	Quark
Vanillekipferl	feine Mürbteighörnchen
Vogerlsalat	Feldsalat
Zelten	Früchtebrot
Zettelkraut	Sauerkraut
Zibeben	große Rosinen
Zwetschken (Zwetschgen)	Pflaumen

Die wichtigsten Küchenausdrücke

Ablöschen
heiße Flüssigkeit aufgießen, z.B. um einen Bratensatz zu lösen

Abschrecken
gekochte Speisen, wie z.B. Spatzeln mit reichlich kaltem Wasser übergießen

Abseihen
in ein Sieb geben und abtropfen lassen

Austreiben
Teig ausrollen

Einbrenne
Mehlschwitze

Faschieren
durch den Fleischwolf drehen

Gehen lassen
Germ(Hefe-)Teig mit einem trockenen Küchentuch abdecken und an einem warmen Ort stehen lassen, bis sich das Volumen fast verdoppelt hat

Legieren
Flüssigkeit mit Eidotter (Eigelb), Rahm (süße Sahne) oder Butter binden

Passieren
durch ein feines Sieb streichen oder drücken

Raspeln
grobes Zerkleinern

Rasten lassen
stehen oder ruhen lassen von verschiedenen Teigen

Reduzieren
einkochen; Soßen oder Bratenfonds werden „eingekocht", damit sie geschmacklich noch intensiver werden

Schaumig rühren
Einrühren von viel Luft, um eine lockere Schaummasse zu erhalten. Am besten setzt man hierzu den Elektroquirl oder die Küchenmaschine ein

Unterheben, unterziehen
vorsichtiges Vermischen von Teig und Eischnee. Am besten benutzt man hierzu einen Kochlöffel und hebt damit die feste Masse über den Eischnee, bis alles gut vermischt ist

Versprudeln
Eier verschlagen, verquirlen

Ziehen lassen
empfindliche Speisen, z.B. Nocken unter dem Siedepunkt garen lassen

Tiroler Speckknödelsuppe

3 - 4 altbackene Semmeln (Brötchen)	150 g durchwachsener Speck
2 Tassen warme Milch	3 Eier, 80 g Mehl
1 EL Petersilie	1 1/4 l kräftige Fleischbrühe
1 kleine Zwiebel, Salz	2 EL gehackter Schnittlauch

- Die Semmeln klein schneiden, in eine Rührschüssel geben. Speck fein würfeln und dazugeben. Gehackte Petersilie darüberstreuen. Die Eier mit der Milch verschlagen und über die Brotmasse geben. Umrühren und 20 Minuten ziehen lassen. Zwiebeln schälen, würfeln und in Butter anrösten.
- Zwiebeln mit Mehl zur Brotmasse geben, salzen und alles gut durchkneten.
- Aus der Masse kleine Knödel formen und in gesalzenem kochendem Wasser ca. 15 Minuten gar ziehen lassen.
- In der heißen Fleischbrühe mit Schnittlauch bestreut servieren.

Tiroler Speckschöberlsuppe

40 g Tiroler Speck	70 - 80 g Mehl
60 - 70 g weiche Butter	3 Eiklar (Eiweiß)
3 Eidotter (Eigelb)	1 l kräftige, heiße Fleischsuppe
Salz, Pfeffer, Muskat	2 EL geh. Schnittlauch
2 - 3 EL Milch	

- Den Speck fein würfeln, in einer Pfanne ausbraten und abkühlen lassen. Die Butter mit den Dottern in eine Rührschüssel geben und sehr schaumig schlagen, würzen und Milch sowie Mehl dazugeben. Weiterrühren bis die Masse cremig ist, dann die Speckwürfel dazugeben.
- Eiklar zu steifem Schnee schlagen und vorsichtig unterheben.
- Die Masse auf einem kleineren, gefetteten Backblech oder in einer größeren, gefetteten Bratreine gleichmäßig verstreichen.
- Bei 200 - 220 °C goldgelb backen, etwas abkühlen lassen, dann in Rauten oder Karos schneiden. In die angerichtete Fleischsuppe geben, mit Schnittlauch bestreuen und sofort servieren.

Saure Suppe

450 g weichgekochte Kutteln (Rinder- oder Schweinemagen)	Neugewürz (Piment)
2 Zwiebeln	Salz, Pfeffer
2 EL Butter	2 Knoblauchzehen
1 - 2 EL Mehl	etwas abgeriebene Schale einer unbehandelten Zitrone
1 l kräftige Fleischsuppe	1 Lorbeerblatt
	etwas Weißwein oder Essig

● Die weichgekochten Kutteln in Streifen schneiden. Die Zwiebeln schälen und würfeln. In einem größeren Topf die Butter erhitzen und die Zwiebeln darin glasig dünsten. Die Kutteln dazugeben und unterrühren. Das Mehl darüberstreuen und goldgelb anrösten, dann die Fleischsuppe hinzugießen.

● Mit Neugewürz, Salz, Pfeffer, geschältem und durchgepresstem Knoblauch, abgeriebener Zitronenschale und Lorbeerblatt würzen.

● Auf niedriger Stufe 1/2 - 3/4 Stunde kochen lassen. Zuletzt mit Weißwein oder Essig abschmecken.

Alpbacher Biersuppe

2 EL Butter	50 g Zucker
2 EL Mehl	ca. 1/2 l Bier
etwas Milch	1 Ei
1 - 2 Gewürznelken	Pfeffer
1 Zimtrinde	Salz
abgeriebene Schale 1/2 unbehandelten Zitrone	2 - 3 EL Sauerrahm (Saure Sahne) nach Belieben

● Die Butter in einem größeren Topf erhitzen, das Mehl darüberstäuben, hell einbrennen, mit etwas Milch angießen und unter Rühren auf niedriger Stufe ca. 10 Minuten kochen lassen.

● Gewürznelken, zerstoßenen Zimt, abgeriebene Zitronenschale und Zucker dazugeben.

● Nochmals kurz aufkochen lassen, dann das Bier hinzufügen. Erhitzen, jedoch nicht kochen und durchseihen.

● Mit einem verschlagenen Ei binden und kräftig abschmecken. Nach Belieben mit Sauerrahm verfeinern und sofort servieren.

Osttiroler „Gerstensuppe“

● Die Rollgerste in ein Sieb geben und kurz abspülen. Den Speck fein würfeln und in einem größeren Topf ausbraten. Die abgetropfte Gerste kurz mitrösten. Das Selchfleisch dazugeben und mit Wasser sowie Fleischsuppe auffüllen.

● Zwiebeln, gelbe Rüben, Petersiliewurzel, Sellerie und Erdäpfel schälen, waschen und würfeln oder in längliche Stifte schneiden. Den Lauch putzen, waschen und in Ringe schneiden. Alles zur Suppe geben, kräftig würzen und ca. 1 Stunde auf niedriger Stufe kochen lassen.

● Das Selchfleisch herausnehmen, klein schneiden und wieder in die Suppe geben.

80 g Rollgerste
ca. 150 g durchwachsener Speck
200 g geselchtes (geräuchertes) Schweinefleisch
4 dünne, ausgebratene Speckscheiben
1 l Wasser
1/2 l Fleischsuppe
2 kleine Zwiebeln
2 gelbe Rüben (Möhren)
1/2 Petersilienwurzel
1/4 Stück Sellerie
1 - 2 mittelgroße Erdäpfel (Kartoffeln)
1 Stange Lauch (Porree)
Salz, Pfeffer, Muskat
2 EL Mehl, Wasser
2 EL Rahm (süße Sahne)

- Mehl mit Wasser und Rahm glatt rühren und die Suppe damit etwas abbinden.
- Mit den ausgebratenen Speckscheiben garniert servieren.

Beilage:
kräftiges Bauernbrot

Interessant für Sie:
Die „Gerstensuppe" ist ein weit verbreitetes, bäuerliches Gericht. Vor allem als Fastenspeise – ohne Fleischzugabe – war sie früher schon sehr beliebt. Anstelle von Fleisch oder Speck hat man dann die Suppe mit in reichlich Butter gerösteten Zwiebeln aufgebessert.

Tiroler Erdäpfelsuppe

2 gelbe Rüben (Möhren)	zerstoßener Kümmel
1/4 Stück Sellerie	1 Lorbeerblatt
1 kleine Petersiliewurzel	ca. 1/2 l Wasser
2 Zwiebeln	1 l Fleischsuppe
2 - 3 EL Butter	1-2 EL Mehl
500 g Erdäpfel (Kartoffeln)	kaltes Wasser
Salz	klein geschnittene, frische Petersilie oder frisch gehackter Schnittlauch
Majoran, einige Pfefferkörner	

- Gelbe Rüben, Sellerie, Petersilienwurzel, Zwiebel sowie Erdäpfel schälen und fein würfeln. Zunächst das Wurzelwerk in heißer Butter andünsten, dann die Erdäpfel dazugeben, salzen, mit Kümmel, Majoran, Pfefferkörner und Lorbeerblatt würzen und mit Wasser weich dünsten.

- Zwischendurch umrühren und evtl. nochmals etwas Wasser nachgießen.

- Nach ca. einer 3/4 Stunde sind die Erdäpfel gar, dann die Suppe durch ein Sieb passieren, mit Fleischsuppe auffüllen und mit kalt angerührtem Mehl abbinden. Nochmals aufkochen lassen, dann kräftig abschmecken.

- Mit klein geschnittener, frischer Petersilie oder gehacktem Schnittlauch bestreut servieren.

Tiroler Stockfischgröstl

1 kg Stockfisch	1 Zwiebel
500 g festkochende Erdäpfel (Kartoffeln)	Salz
80 g Butter	Pfeffer
Wasser	1/8 l saurer Rahm (saureSahne)
1 Knoblauchzehe	1 EL gehackte Petersilie

● Den Stockfisch einige Stunden, am besten über Nacht, wässern. Die Erdäpfel in der Schale kochen, noch heiß schälen und in Scheiben schneiden.

● Den Stockfisch aus dem Wasser nehmen, abtropfen lassen, 10 - 15 Minuten in kochendes, leicht gesalzenes Wasser legen, dann abseihen, entgräten und in kleine Stücke schneiden.

● Die Butter schmelzen, geschälte und feingeschnittene Zwiebel darin glasig dünsten, die Erdäpfel dazugeben und mitrösten. Mit gepresstem Knoblauch, Salz und Pfeffer würzen.

● Die Fischstücke beigeben und mitrösten. Vorsichtig mischen, mit saurem Rahm verfeinern und mit gehackter Petersilie bestreut servieren.

Unser Tipp:
Zum Stockfischgröstl, einem traditionellen Tiroler Gericht, reicht man als Beilage gerne ein deftiges Speckkraut. Das passende Rezept finden Sie auf Seite 34.

Schweinsbraten nach Bauernart

1,5 kg Schweinebraten (Schlegel oder Schulter)	etwas Öl
Salz, Pfeffer	1 - 2 Tassen heiße Fleischsuppe oder heißes Wasser
1 Knoblauchzehe	1 - 2 EL Mehl, Wasser
1 TL Kümmel	saurer Rahm (saure Sahne) nach Belieben
1 TL Thymian	

● Das Backrohr auf 200 - 220 °C vorheizen. Das Bratenstück kurz kalt abspülen und mit Küchenpapier trockentupfen. Die Schwarte mit einem scharfen Messer kreuzweise einschneiden.

● Salz, Pfeffer, geschälte und gepresste Knoblauchzehe sowie Kümmel und Thymian mit etwas Öl mischen und das Bratenstück von allen Seiten damit einreiben.

● In eine große Bratreine (Bratform) legen und heiße Fleischsuppe oder heißes Wasser hinzufügen. Ca. 2 - 2 1/2 Stunden braten, dabei mehrfach begießen.

● Für die Soßenzubereitung den Braten aus der Reine nehmen, den Bratensatz in einen Kochtopf füllen, in kaltem Wasser angerührtes Mehl einrühren, aufkochen lassen und nach Belieben mit saurem Rahm verfeinern.

Beilage:
Semmelknödel oder mitgebratene Erdäpfel (Kartoffeln) und gelbe Rüben (Möhren) oder Sauerkraut.

Leber Tiroler Art

500 g Schweine- oder Kalbsleber	Pfeffer
80 g Tiroler Speck	1 EL Mehl
1 Zwiebel	1/8 l heiße Fleischsuppe
50 g Butter	etwas trockener Weißwein
	Salz

● Die Leber kurz kalt abspülen und mit Küchenpapier trockentupfen. Leber und Speck in dünne Scheiben schneiden. Die Zwiebel schälen und fein würfeln.

● Die Butter in einer großen Pfanne erhitzen, die Zwiebelwürfel darin andünsten, dann die Speckscheiben dazugeben und mitbraten.

● Nun die Leberscheiben hinzufügen, dann pfeffern, mit Mehl bestäuben und unter beständigem Wenden weiterbraten. Mit heißer Fleischsuppe ablöschen, etwas Weißwein dazugeben, salzen und gut umrühren.

● Nochmals kurz durchdünsten, dann sofort servieren.

Beilage:
Geröstete Erdäpfel (Kartoffeln) und Salat.

Tiroler Saftgulasch

- 150 g Tiroler Speck
- 50 g Butter
- 300 g Zwiebeln
- 1 EL Paprikapulver
- 500 - 600 g Rindfleisch
- 1 Knoblauchzehe
- 1/8 l heiße Fleischsuppe oder heißes Wasser
- 1 TL Kümmel
- 1 TL Majoran
- Salz
- Pfeffer

● Den Speck fein würfeln, in der Butter anrösten, dann die geschälten, klein geschnittenen Zwiebeln dazugeben und mit Paprika würzen.

● Unter beständigem Umrühren weiterbraten, dann das gewürfelte Rindfleisch dazugeben und mitbraten.

● Mit etwas Fleischsuppe oder Wasser aufgießen, würzen und zugedeckt 1 - 1 1/2 Stunden schmoren lassen.

● Zwischendurch mehrmals umrühren und immer wieder etwas Flüssigkeit nachgießen.

● Das Fleisch sollte am Ende der Bratzeit weich und die Zwiebeln zerkocht sein.

Beilage:
Semmelknödel; nach Belieben mit kreuzweise eingeschnittenen Würsteln und einem gebratenen Ei garniert servieren.

Interessantes für Sie:
Zum Tiroler Saftgulasch passt auch sehr gut eine geschmalzene Polenta. Das Rezept finden Sie auf Seite 36. Gleich mit welcher Beilage serviert wird, traditionell ist das Saftgulasch ein Sonntagsessen der Bauern.

Bauernschmaus

4 - 6 Scheiben geselchtes (gepökeltes) Schweinefleisch zum Braten	500 g Sauerkraut
Salz	Wacholderbeeren
gem. Kümmel	4 Würstl
Butterschmalz	4 Scheiben vorgebratenen Schweinebraten (Schlegel, Schulter)
50 g Tiroler Speck	Speckknödel
1 kleine Zwiebel	Essiggurken

● Die Bratenscheiben kurz kalt abspülen, mit Küchenpapier trockentupfen und würzen. In heißem Butterschmalz anbraten und auf niedriger Stufe fertig garen lassen.

● Den Speck würfeln und in einem größeren Topf auslassen. Die Zwiebel schälen, fein hacken und zum Speck geben. Das Sauerkraut hinzugeben, würzen, umrühren und zugedeckt weich dünsten.

● Zuletzt die an den Enden

kreuzweise eingeschnittenen Würstl auf dem Sauerkraut erhitzen. Die Speckknödel nach Rezept (s. Seite 9) zubereiten.

● Auf einen größeren, rustikalen Holzteller richtet man zuerst das Kraut mit einem Semmelknödel und dann die übrigen Zutaten gefällig an und verziert sie, zum Beispiel mit Gurkenfächern.

Rindsbraten

1,5 kg Rindsbraten z.B. aus der Schulter	60 - 80 g Butterschmalz
100 g Tiroler Speck	1/8 l trockener Rotwein
Salz	1/2 l Fleischsuppe
Pfeffer	1 gelbe Rübe (Möhre)
je 1/2 TL Kümmel und Majoran	1 Petersiliewurzel
2 kleine Zwiebeln	1/4 Stück Sellerie
1 Knoblauchzehe	1 kleine Stange Lauch (Porree)
	400 g Erdäpfel

● Das Fleisch kurz kalt abspülen und mit Küchenpapier trockentupfen. Den Speck in dünne Scheiben schneiden, den Braten damit spicken, dann würzen.

● Zwiebeln und Knoblauchzehen schälen, fein hacken und in heißem Butterschmalz kurz anrösten, den Braten einlegen und von allen Seiten anbraten.

● Mit Suppe und Wein ablöschen und auf niedriger Stufe langsam weich garen.

● Nach einer Stunde das geputzte, klein geschnittene Wurzelwerk und die geschälten, gewürfelten Erdäpfel dazugeben. Die Gesamtbratzeit beträgt etwa 1 1/2 - 1 3/4 Stunden.

● Den Braten aus dem Geschirr nehmen, aufschneiden und das Gemüse separat dazu servieren.

Beilage:
Knödel

Saftige Kalbsstelze

1 größere Kalbsstelze (Kalbshaxe) von ca. 1,5 kg	Pfeffer
Salz	1 - 2 Knoblauchzehen
	30 - 40 g Butterschmalz

- Die Kalbsstelze kurz kalt abspülen und mit Küchenpapier trockentupfen. Von allen Seiten würzen und mit geschältem, gepresstem Knoblauch einreiben.
- Das Butterschmalz in einem backofenfesten Bratentopf oder in einer Bratreine (Bratform) erhitzen und die Stelze darin rundum kräftig anbraten.
- Bei 200 - 220 °C für 1 1/2 - 2 Stunden im Backrohr fertig braten, zwischendurch wenden und immer wieder übergießen.
- Die Stelze im Ganzen servieren oder am Knochen entlang zerteilen und wieder zusammensetzen. Auf einer vorgeheizten Platte anrichten.

Beilagen:
gedünstete Erdäpfel (Kartoffeln) und verschiedene Gemüse.

Gefüllter Kalbsbraten

1,5 kg Kalbsrollbraten	Paprika edelsüß
Salz, Pfeffer	2 Eidotter (Eigelb)
3 Zwiebeln	4 - 5 EL Rahm (süße Sahne)
1 Knoblauchzehe	80 g Butterschmalz
1 kleine grüne Paprika	1/8 l trockener Weißwein
250 g sehr magerer Tiroler Speck oder geräucherter Schinken	1/4 l Fleischsuppe
2 EL gehackte Petersilie	1 gelbe Rübe (Möhre)
	Rahm

- Das Fleisch kurz kalt abspülen und mit Küchenpapier trockentupfen. Aufgerollt und mit Salz und Pfeffer würzen.
- Zwiebeln und Knob-

lauchzehe schälen und klein schneiden. Die Paprika halbieren, von den Kernen und Rippen befreien und grob würfeln. Diese Zutaten zusammen mit dem klein geschnittenen Speck (oder Schinken), der gehackten Petersilie, dem Paprikapulver, Eidottern und dem Rahm im Mixer der Küchenmaschine fein pürrieren.

- Die Mischung auf dem Braten verteilen, dabei einen Rand freilassen, das Fleisch wie eine Roulade aufrollen und zusammenstecken oder festbinden.
- Das Butterschmalz in einer Bratreine erhitzen, den Braten darin kurz anbraten, dann in das Backrohr schieben und ca. 2 Stunden bei 180 - 200 °C braten lassen. Zwischendurch ab und zu mit Wein oder Fleischsuppe begießen.
- Etwa 30 Minuten vor Ende der Zeit geschälte, klein geschnittene Zwiebel und gelbe Rübe dazugeben. Den Braten aus dem Geschirr nehmen und auf eine Platte geben. Den Fond durchseihen, nochmals kurz erhitzen und mit Rahm verfeinern.

Beilage:
Grießknödel, Vogerlsalat

Tiroler G'röstl

600 g frisch gekochte Erdäpfel (Kartoffeln)	1 größere, fein gehackte Zwiebel
350 g gegarter Schweinsbraten, am besten von der Schulter	Salz, Pfeffer
150 g geräucherte Wurst	gut 1 TL Majoran
80 g Butterschmalz	1/2 Bund Petersilie
	4 Eier (nach Belieben)
	Butter

- Die Erdäpfel noch warm schälen und wie das Schweinsbratenfleisch und die Wurst in feine Scheiben schneiden.

- Das Butterschmalz in einer größeren Pfanne erhitzen, zuerst die Zwiebeln darin glasig dünsten, dann die Erdäpfel mit dem Bratenfleisch und den Wurstscheiben dazugeben. Alle Zutaten unter beständigem Wenden kräftig anrösten, anschließend auf niedriger Stufe ca. 10 - 15 Minuten weiterbraten. Kräftig würzen.

- Die Petersilie waschen, trocknen, fein hacken und darüberstreuen. Nach Belieben mit je einem in Butter gebratenen Spiegelei garniert servieren.

Unser Tipp:
Zum Tiroler G'röstl (tirolerisch „Gröschtl") servieren Sie am besten einen schmackhaften Speck-Kraut-Salat.

Interessant für Sie:
Ein „echtes" Tiroler G'röstl wird, wie im Rezept beschrieben, mit vorgebratenem Schweinefleisch zubereitet. Verwendet man stattdessen Rindsbraten, so nennt man es „Bauerngröstl". Für das ebenso bekannte „Innsbrucker Gröstl" oder auch „Herrengröstl" genannt, benötigen Sie reichlich geschnetzeltes, vorgebratenes Kalbfleisch. Verwenden Sie dann ca. 500 g Fleisch und reduzieren Sie die Erdäpfelmenge auf etwa 400 g.

Brathendl

1 Brathendl von ca. 1 - 1,2 kg, frisch oder aufgetaut
Salz, Pfeffer
50 g zerlassene Butter
1 kleine Zwiebel
1 große gelbe Rübe (Möhre)
1/4 l heiße Hühnersuppe
1/2 TL Paprikapulver
1 EL gehackte Petersilie

● Das Backrohr auf 200 - 220 °C vorheizen. Das Hendl gut unter kaltem Wasser waschen und mit Küchenpapier trockentupfen. Innen und außen mit Salz und Pfeffer einreiben. Die Flügel am Rücken verschränken und die Schenkel zusammenbinden.

● Mit der Brustseite nach unten in eine Bratreine (Bratgeschirr) legen, mit 40 g Butter übergießen, geschälte und grob geschnittene Zwiebel sowie gelbe Rübe dazugeben, in das Backrohr schieben und braten.

● Nach etwa 30 Minuten das Hendl wenden, etwas Hühnersuppe angießen und die Temperatur auf 180 - 200 °C reduzieren. Die rest-

liche Butter mit dem Paprikapulver mischen und das Hendl damit bestreichen. Die Gesamtbratzeit beträgt ca. 1 Stunde.

● Das Hendl herausnehmen, auf einer vorgewärmten Platte anrichten und mit frisch gehackter Petersilie bestreuen. Den Bratensatz durchseihen und separat zum Hendl servieren.

Beilage:
Knödel und Salat

Huhn in Krensoße

1 frisches Huhn von ca. 1,2 - 1,5 kg	70 g geschälte, geriebene Mandeln
Salz, Pfeffer, 1 Zwiebel	40 g Mehl, 60 g Butter
1/2 l Hühnerbrühe	gut 1/8 l Rahm (Sahne)
70 g geriebener Kren (Meerrettich)	Ingwer nach Belieben

● Das Huhn kalt abspülen, mit Küchenpapier trockentupfen und zerteilen. Würzen. In einen halbhohen Topf geben und mit der Hühnerbrühe knapp bedecken, evtl. noch etwas Wasser hinzufügen. Kren, Mandeln sowie geschälte, gehackte Zwiebel darauf verteilen. Einmal aufkochen lassen, dann zugedeckt in ca. 50 - 60 Minuten weich dünsten.

● Das Fleisch herausnehmen, auf eine große, tiefere Platte geben und warmstellen. Mehl mit Butter verkneten, zum Fond geben und diesen unter ständigem Rühren eindicken. Mit Rahm verbessern und nach Belieben mit Ingwer abrunden. Über das Hühnerfleisch geben und servieren.

Beilage:
gekochte Erdäpfel oder Reis.

Unterländer Wildfleisch mit Schwammerln

600 g Reh- oder Hirschfleisch	1 Lorbeerblatt
3-4 EL Öl	etwas Obstessig
2 Zwiebeln, 2 Nelken	200 g frische Schwammerl (Pilze)
1/2 l trockener Rotwein	Butter, Rahm, Preiselbeeren
Salz, Pfeffer	

● Das Fleisch kurz kalt abspülen, trockentupfen und in Würfel schneiden. Das Öl in einem größeren Bratentopf erhitzen und das Fleisch darin unter bestän-

digem Wenden kräftig anbraten. Die Zwiebeln schälen, würfeln und dazugeben. Mit Rotwein ablöschen.

- Würzen und den Essig dazugeben. Nochmals erhitzen, dann in 45 - 60 Minuten langsam weich kochen. Die Schwammerl putzen, waschen und vierteln. Etwa 10 Minuten vor Ende der Zeit dazugeben und mitdünsten. Das Gericht mit Butter und Rahm verfeinern und mit frischen Preiselbeeren garniert servieren.

Beilage:
Hausnudeln, Kastanienblaukraut

Kastanienblaukraut

1 kg Blaukraut (Rotkohl)	ca. 1/4 l Wasser oder Fleischsuppe
50 g Butterschmalz	2 EL Essig
20 g Zucker	1 Apfel, 4 EL Rotwein
1 Zwiebel	1 EL Mehl
Salz, gemahlener Kümmel	10 Kastanien, vorgekocht
1 kleines Lorbeerblatt	

● Das Blaukraut in feine Streifen schneiden, waschen und gut abtropfen lassen. Zucker und klein gehackte Zwiebel in heißem Butterschmalz anrösten, das Kraut, die Gewürze, Wasser oder Fleischbrühe sowie Essig dazugeben und unter beständigem Wenden dünsten.

● Nach ca. 20 Minuten den geschälten, geriebenen Apfel dazugeben, unterrühren und das Kraut bei milder Hitze in ca. 40 - 50 Minuten fertig garen. Dabei immer wieder nachsehen, ob noch genügend Flüssigkeit im Topf ist.

● Mit Mehl bestreuen. Die gekochten, geschälten und fein gehackten Kastanien dazugeben und das Blaukraut mit Rotwein abschmecken. Nochmals gut durchkochen lassen, dann heiß servieren.

Erdäpfelsalat

500 g speckige Erdäpfel (Kartoffeln)	1 TL mittelscharfer Senf
50 g geräucherter, durchwachsener Tiroler Speck	1/8 l Fleischsuppe
1 mittelgroße Zwiebel	Salz, schwarzer Pfeffer
2 - 3 EL Öl	1 Prise Zucker
1 1/2 EL Weinessig	1 TL Kapern, 2 Paradeiser
	1 - 2 EL Schnittlauch, frisch gehackt

● Die Erdäpfel in der Schale in einen ausreichend großen Topf geben und unter Zugabe von genügend Wasser gar kochen. Abgießen, etwas abkühlen lassen

und noch warm schälen. In Scheiben schneiden und in eine größere Salatschüssel geben.

● Den Speck in sehr feine Würfel schneiden. Die Zwiebel schälen und fein hacken.

● Das Öl in cincr mittclgroßen Pfanne langsam erhitzen. Die Speck- und Zwiebelwürfel darin ausbraten. Mit Essig ablöschen und über die Erdäpfel in die Schüssel geben.

● Die Fleischsuppe erwärmen, den Senf darin glatt rühren und beides zu den Kartoffeln geben. Kräftig würzen und alle Zutaten gut vermischen. Mindestens 1 Stunde lang durchziehen lassen, crncut umrührcn und mit reichlich frisch gehacktem Schnittlauch und Paradeiserstückchen garniert servieren.

Fisolen mit Speck

- 750 g Fisolen (grüne Bohnen), Salz
- 30 - 40 g weiche Butter
- 1 gehackte Zwiebel
- 10 dünne Scheiben Selchspeck
- Salz
- Pfeffer
- einige Knoblauchzehen nach Belieben
- etwas Fleischsuppe

- Die Fisolen waschen, nach Belieben an den Enden abschneiden und, falls notwendig, die Fäden abziehen. In kochendem Salzwasser etwa 20 Minuten gar kochen. Abseihen und kurz in sehr kaltes Wasser eintauchen, um die grüne Farbe zu erhalten. Abtropfen lassen.

- Eine größere Auflaufform mit etwas Butter einfetten und mit Zwiebelwürfeln ausstreuen.

- Das Backrohr auf 200 - 220 °C vorheizen. Die Speckscheiben auf der Arbeitsfläche auslegen und je ein Bündel Fisolen darin einwickeln. In die Form geben, mit etwas Butter bestreichen, würzen, nach Belieben einige Knoblauchzehen dazugeben und Fleischsuppe darüber verteilen.

- Im heißen Backrohr in 15 - 20 Minuten fertig garen.

Unser Tipp:
Die Fisolen mit Speck können Sie zu Fleisch und Eierspeisen aller Art servieren. Sie passen aber auch sehr gut zu Kartoffel- und Reisgerichten. Die Fisolen lassen sich auch mit Butterbröseln servieren. Hierzu werden vorher 4 EL Semmelbrösel in 60 - 80 g Butter angeröstet.

Warmer Rohnensalat

- 4 größere, gekochte Erdäpfel (Kartoffeln)
- 2 Zwiebeln
- 30 g Butterschmalz
- 1 gekochte Rohne (Rote Rübe)
- 6 EL gekochte Fisolen (grüne Bohnen)
- Salz, Pfeffer, etwas Muskat
- 1 Prise Zucker
- 1 - 2 EL Essig
- 30 g Butter

● Die Erdäpfel blättrig schneiden, mit klein gehackter Zwiebel in heißem Butterschmalz anrösten, die Rohne dazuraffeln, Fisolen und Gewürze sowie etwas Zucker ebenfalls beigeben. Etwas Essig darüberträufeln und zum Abkühlen beiseite stellen.

● In eine Porzellanschüssel umfüllen und obenauf mit in Butter angerösteten Zwiebeln garnieren. Lauwarm servieren.

Unser Tipp:
Den Rohnensalat können Sie als warme Vorspeise oder als Beigabe zu Fleischgerichten servieren.

Speckkraut

- 400 g Selchspeck
- 1 kg Sauerkraut
- Salz, gemahlener Kümmel, Pfeffer
- 1 kleines Lorbeerblatt
- 4 - 5 zerdrückte Wacholderbeeren
- etwas Wasser oder Fleischsuppe
- Knoblauch nach Belieben

● Den Selchspeck in Würfel schneiden und in einem größeren Topf ausbraten lassen.

● Das Kraut dazugeben, würzen und unter beständigem Wenden in etwa 10 Minuten kräftig andünsten. Dann erst Wasser oder Fleischsuppe dazugeben und das Kraut bei milder Hitze in etwa 30 Minuten weich dünsten.

● Nach Belieben mit frisch gepresstem Knoblauch abschmecken.

Bauernmus Tiroler Art

- 20 g Butterschmalz zum Ausstreichen der Pfanne
- 125 g Mehl, Salz
- 125 g Weizengrieß
- 1 l Milch
- 1 l Wasser
- 50 g flüssige Butter
- Zimt nach Belieben

● Eine recht große, halbhohe Pfanne mit Fett ausstreichen. Mehl und Weizengrieß mischen und mit etwas kaltem Wasser glatt rühren. Das restliche Wasser mit der Milch in der Pfanne aufkochen. Das Mehlgrieß-Gemisch langsam einrühren und bei milder Hitze zu einem dicken „Mus" einkochen, dabei beständig umrühren.

● Etwas abkühlen lassen, mit flüssiger Butter begießen, nach Belieben mit Zimt bestreuen und warm servieren.

Interessant für Sie:
Das Bauernmus Tiroler Art – auch Muas, Muis genannt – wird häufiger auch einfach als „Koch" bezeichnet. In der bäuerlichen Küche ist es ein sehr wichtiges Gericht. Wenn hart gearbeitet werden musste, gab es das „Mus" bereits schon zum Frühstück, üblicherweise jedoch ist es ein Abendessen.

Variation:
Kirschenmus/Moosbeermus: Gibt man in das Tiroler Mus etwa 500 g gewaschene, entkernte, frische Kirschen, so erhält man das „Kirschenmus". Ähnlicher wird das „Moosbeermus" zubereitet; dabei sollte man jedoch die gewaschenen, gut abgetropften Moosbeeren (Heidelbeeren) vorher mit Zucker, Zitronensaft und nach Belieben mit Zimt vermischen.

Geschmalzene Polenta

1 1/2 l Wasser	400 g Polentamehl (Maisgrieß)
Salz	ca. 60 - 80 g Butter
1 EL Butter	

● Wasser mit Salz und 1 EL Butter aufkochen. Das Polentamehl einrieseln lassen und unter beständigem Rühren kochen. Erst nach ca. 5 Minuten die Kochplatte herunterschalten und die Polenta so lange gar ziehen lassen, bis sich die Masse leicht vom Löffel löst, dabei immer wieder umrühren – Gesamtzeit ca. 30 - 40 Minuten.

● Auf ein Holzbrett stürzen und erkalten lassen. Dann gleichmäßig ausrollen und in Rechtecke schneiden.

● In einer Pfanne mit reichlich Butter abschmelzen.

Erdäpfelriebler

800 g festkochende Erdäpfel (Kartoffeln)	Salz
2 - 3 Eidotter (Eigelb)	Mehl
	2 - 3 EL Butter

● Die Erdäpfel in der Schale gar kochen, noch heiß schälen und durchpassieren. Abgekühlt mit verschlagenen Eidottern und Salz mischen.

● Mit einer Gabel durcharbeiten und so viel Mehl zugeben, bis kleine „Flöckchen" entstehen.

● Die Butter in einer größeren Pfanne erhitzen und die Masse darin unter ständigem Wenden goldbraun rösten.

Türkenriebler

250 g Maisgrieß	50 g Butter oder Butterschmalz
1/4 l Wasser	2 Äpfel nach Belieben
Salz	

● Den Maisgrieß in eine größere Schüssel geben, mit kochend heißem, gesalzenem Wasser übergießen und mindestens eine Stunde stehen lassen. Zwischendurch gelegentlich durchrühren. So kann der Mais gut ausquellen.

● Dann reichlich Butter oder Butterschmalz in einer großen Pfanne erhitzen, die Masse dazugeben, zerteilen und gut durchrösten. Nach Belieben kann man blättrig geschnittene Äpfel daruntermischen.

Interessant für Sie:
Das „abbröseln“ (zerteilen, zerstückeln) der Maismasse in der heißen Pfanne wird als „a'g'riblt“ bezeichnet. Daher stammt der Name „Riebler“.

Maisriebler

1/2 l Milch	150 g Maisgrieß
Salz	ca. 30 g Butter zum Durchrösten
40 - 50 g Butter	

● Die Milch aufkochen, Butter und Salz einrühren, den Maisgrieß unter ständigem Rühren einlaufen lassen und so lange bei milder Hitze weiterkochen, bis sich der Brei von der Topfwand ablöst.

● In einer größeren Pfanne die Butter heiß werden lassen und den Maisbrei löffelweise dazugeben.

● Unter beständigem Wenden gut durchrösten.

Unser Tipp:
Zum Maisriebler passen Speck- und Zwiebelwürfel, man kann ihn jedoch auch überzuckert mit Obstkompott servieren.

Tiroler Eierschmarrn

60 g Rosinen
2 - 3 EL Rum
150 g Mehl, Salz
1 EL Staubzucker (Puderzucker)
1 Pa Vanillezucker
abgeriebene Schale 1/2 unbehandelten Zitrone
3 Eidotter (Eigelb)
1/8 l Milch
3 Eiklar (Eiweiß)
2 EL Staubzucker
etwas Zitronensaft
60 - 70 g Butter oder Butterschmalz zum Ausbacken
Staubzucker (Puderzucker) zum Bestreuen

- Die Rosinen heiß überbrühen und in eine Schale geben. Mit Rum beträufeln und beiseite stellen.
- Das Mehl in eine Rührschüssel sieben. Salz, Staubzucker, Vanillezucker, abgeriebene Zitronenschale, Eidotter, sowie Milch dazugeben. Zu einem recht flüssigen Teig verrühren und diesen etwa 30 Minuten rasten lassen.
- Eiklar mit Staubzucker und einigen Tropfen Zitronensaft zu steifem Schnee schlagen. Den Eischnee vorsichtig unter den Teig heben.
- In einer größeren Pfanne Butter oder Butterschmalz erhitzen. Den Teig hinein-

geben, die Rosinen darauf verteilen, zudecken und auf einer Seite goldgelb backen. Wenden, mit einer Gabel in Stücke teilen und unter weiterem Umrühren fertig backen.

● Mit reichlich Staubzucker bestreut heiß servieren.

Unser Tipp:
Zum Eierschmarrn reichen Sie am besten Preiselbeeren, Apfelmus oder ein Kompott.

Kasknödel

300 g altbackenes Weißbrot	100 g Butter
4 Eier	150 g Käse (z.B. Emmentaler)
1/8 l Milch	60 g Mehl
1 Zwiebel, Salz, Muskat	

- Das Brot in feine Scheiben schneiden. Die Eier mit der Milch versprudeln und über das Brot geben. Die geschälte, fein geschnittene Zwiebel in Butter glasig dünsten. Den Käse in sehr feine Würfel schneiden und alles zusammen mit dem Mehl zum Brot geben. Gut mischen, mit etwas Salz und Muskat würzen.
- Aus der Masse 8 - 10 Knödel formen, in aufgekochtes Salzwasser geben und darin langsam ziehend ca. 15 Minuten garen lassen.

Spinatknödel

- 300 g altbackenes Weißbrot
- knapp 1/4 l warme Milch
- 750 g vorgekochter, passierter Spinat
- 1 gepresste Knoblauchzehe
- 60 g Butter, 1 kleine Zwiebel
- Salz, Pfeffer, Muskat, 2 Eier
- 2 EL Mehl, 50 g Speck
- 1 - 2 EL Semmelbrösel
- 3 EL geriebener Parmesan

● Das Brot in feine Scheiben schneiden und mit der Milch übergießen. Vorgekochten, passierten Spinat mit Knoblauch würzen. Klein geschnittene Zwiebel in zerlassener Butter anschwitzen, Spinat dazugeben und ca. 5 Minuten schmoren lassen. Mehl und Semmelbrösel zur Brotmasse geben, die verquirlten Eier, den Spinat und klein gewürfelten Speck dazugeben. Gut vermischen.

● Aus der Masse 10 - 12 kleine Knödel formen, in aufgekochtes Salzwasser legen, darin langsam ziehend ca. 15 - 20 Minuten garen lassen.

● Abgetropft mit Parmesan bestreuen und mit zerlassener Butter überzogen sofort servieren.

Tiroler Grießknödel

1/4 l Milch	1 altbackene Semmel
40 g Butter	20 g Butter, 2 Eier
180 g Grieß	1 EL gehackte Petersilie
60 g Tiroler Speck	Salz, Pfeffer, Muskat

● Die Milch mit Butter und Salz aufkochen, den Grieß langsam einrieseln lassen und dabei beständig umrühren, bis sich die Masse vom Topfrand ablöst. Abkühlen lassen.

● Speck- und Semmelwürfel in einer größeren Pfanne mit etwas Butter abrösten.

● Die Eier mit der gehackten Petersilie und den Gewürzen gut verschlagen. Mit den Speck-/Semmelwürfeln zur Grießmasse geben, gut verrühren und noch etwas rasten lassen.

● Mit nassen Händen gleich große Knödel formen und diese in kochendem Salzwasser 10 - 15 Minuten ziehen lassen.

Tiroler Speckknödel

1 Zwiebel	3 Eier
20 g Butter	1/8 l Milch
300 g altbackenes Weißbrot (oder Semmeln) oder Knödelbrot	ca. 2 EL Mehl
100 - 150 g Speck, klein gewürfelt	1 EL weiche Butter
	je 1 EL gehackte Petersilie und Schnittlauch
	Salz, Pfeffer, Majoran

● Die Zwiebel schälen und in der Butter andünsten. Das Brot (die Semmeln) mit der Zwiebel sowie den Schinkenwürfeln mischen.

● Die Eier mit der Milch gut versprudeln und darübergießen. Mehl, Butter, Petersilie, Schnittlauch und Gewürze hinzufügen und alles gut durchmischen. Etwa 20 Minuten rasten lassen.

● Inzwischen reichlich Salzwasser erhitzen. Mit nassen

Händen 8 gleich große Knödel formen, vorsichtig in das heiße Wasser geben, die Kochplatte herunterschalten und die Knödel in ca. 10 - 15 Minuten gar ziehen lassen, abseihen und servieren.

Interessant für Sie:
Die Tiroler Speckknödel sind ein wesentlicher Bestandteil der bodenständigen Tiroler Hausmannskost. Es gibt viele verschiedene Rezepte, Grundlage ist jedoch immer eine Semmelmischung, der Speck oder Selchfleisch zugegeben wird. In der Fastenzeit werden sie ohne Speck zubereitet, meist in Butterschmalz ausgebacken und in Salzwasser fertig gekocht. Man nennt sie dann „Tiroler Fastenknödel". Dazu gibt es Sauerkraut.

Weinnudeln

1/2 l Milch, Salz	1/8 l Wasser, 50 g Zucker
30 g Butter, 1 1/2 EL Zucker	abgeriebene Schale 1/2 unbehandelten Zitrone
200 g Grieß, 2 Eier	1 Gewürznelke
Semmelbrösel	1/2 Stange Zimt
80 g Butterschmalz	1/4 l trockener Rotwein
Weinmischung:	

- Die Milch salzen, aufkochen, Butter und Zucker hineingeben und gut verrühren. Den Grieß langsam einlaufen lassen und unter beständigem Rühren dicklich einkochen. Etwas durchziehen und abkühlen lassen.
- Für die Weinmischung Wasser mit Zucker aufkochen, die Gewürze und den Rotwein dazugeben, erhitzen und abseihen. Beiseite stellen.
- Auf dem nassen Backbrett aus der Masse eine Rolle formen, gleich große Stücke abschneiden, zu fingerdicken Nudeln ausformen, diese in verschlagenen Eiern und in Semmelbrösel panieren. Anschließend in heißem Butterschmalz ausbacken.
- In eine Schüssel geben und mit dem Weingemisch übergossen sofort servieren.

Tiroler Hausnudeln

400 g Mehl	ca. 1 Tasse Wasser
2 Eier, Salz	80 - 90 g Butter

- Aus gesiebtem Mehl, Eiern, Salz und Wasser einen geschmeidigen, glatten Teig kneten und diesen mindestens 20 Minuten rasten lassen.
- Die Arbeitsfläche mit Mehl bestreuen und darauf den Teig dünn austreiben, mit Mehl bestäuben, aufrollen und in sehr dünne Scheiben schneiden. Etwas trocknen lassen.
- Inzwischen reichlich Salzwasser aufkochen, die Nudeln hineingeben, ca. 10 Minuten kochen, abseihen, kalt abschrecken und in heißer Butter geschwenkt servieren.

Spinatnocken

750 g Spinat, 1 Zwiebel	ca. 250 g Semmelbrösel
60 g Mehl, 80 g Speck	3 - 5 EL Milch, 3 Eier
20 - 30 g Butter	Salz, Pfeffer Muskat

- Den Spinat verlesen, waschen, weich kochen und durchpassieren. Die Zwiebel fein hacken, in der Butter anrösten, den Spinat dazugeben durchmischen und zum Abkühlen beiseite stellen.

- Mehl, Semmelbrösel, Milch, Eier und Gewürze verschlagen und mit der Spinatmasse mischen. Sollte die Masse zu weich sein, noch etwas Mehl oder Brösel unterrühren.

- Den Speck in Würfel schneiden und in einer größeren Pfanne ausbraten.

- Gesalzenes Wasser erhitzen, die Nocken mit einem in das heiße Wasser eingetauchtem Esslöffel „abstechen" und in die nicht mehr kochende Flüssigkeit einlegen. In ca 20 Minuten gar ziehen lassen, dann vorsichtig abseihen und mit Speckwürfeln bestreut servieren.

Tiroler Kasspatzeln

- 300 g Mehl
- 2 Eier, Salz
- ca. 1/4 l Wasser
- 1 Zwiebel, 40 g Butter
- 1 EL gehackte Petersilie, Pfeffer
- 100 g Reibkäse (oder zerbröselten Tiroler Graukäse)

- Mehl, Eier und Salz mit dem Wasser rasch zu einem Teig verarbeiten, der dick vom Löffel abreißen sollte.

- Mit Hilfe eines „Spatzelsiebes“ (oder einem großlochigen Sieb) wird der Teig in reichlich siedendes Salzwasser gedrückt.

- Langsam gut durchkochen lassen, abseihen und kalt abschrecken.

- Die Zwiebel schälen, fein hacken, in der Butter rösten, die Spatzeln sowie gehackte Petersilie und Pfeffer dazugeben.

- Unter mehrfachem Wenden anrösten und mit Reibkäse oder zerbröseltem Tiroler Graukäse bestreut servieren.

Süße Topfennocken

- 80 g Butter
- 30 g Zucker
- 3 Eier, Salz
- 500 g Topfen (Quark), gut abgetropft
- 180 g Grieß
- 3 EL Rosinen
- Salzwasser
- 6 EL Semmelbrösel
- 80 g Butter

- Butter, Zucker, Eier und Salz schaumig rühren. Topfen, Grieß und Rosinen dazumischen und etwa 1/2 Stunde rasten lassen.

- Salzwasser zum Kochen bringen. Die Nocken mit einem in das heiße Wasser eingetauchten Esslöffel „abstechen“ und in die

nicht mehr kochende Flüssigkeit einlegen. Etwa 10 - 15 Minuten ziehen lassen. Vorsichtig abseihen und auf Tellern anrichten.

● Semmelbrösel mit Butter in einer Pfanne goldbraun anrösten und über die Nocken streuen. Dazu ein Kirschkompott servieren.

Erdäpfelblattln

400 g Erdäpfel (Kartoffeln)	180 g Mehl
50 g Butter	Salz
1 Ei	Backfett

- Die Erdäpfel weich kochen, noch heiß schälen und durchpassieren. Die Butter zerlassen und mit dem Ei sowie Mehl und Salz unter die Kartoffeln mischen.
- Auf einem bemehlten Backbrett daraus eine Rolle formen, diese in mehrere Stücke zerteilen, jedes Stück dünn auswalken (ausrollen) und daraus handtellergroße Rechtecke schneiden.
- Diese in heißem Backfett schwimmend ausbacken.

Alpbacher „Steffelnidai"

800 g Erdäpfel (Kartoffeln)
250 g Mehl
1 - 2 Eier
Salz, Muskat

„Honigleck":
Mehl, 50 g Butter oder Butterschmalz
Honig

- Die Erdäpfel in der Schale kochen, noch warm schälen und durchpassieren. Mit Mehl, Ei, Salz und Muskat rasch zu einem geschmeidigen Teig verkneten, auswalken (ausrollen) und kleine Quadrate von ca. 2x2 cm ausradeln. In heißem Butterschmalz rösten, in eine Schüssel geben und mit „Honigleck" übergießen.

Hierzu Mehl in heißer Butter anrösten, mit Milch aufgießen, aufkochen und mit Honig süßen.

Interessant für Sie:
Diese Nudeln werden besonders gerne am Stephanstag gegessen, daher nennt man sie im Alpbachtal „Steffelnidai".

Scheiterhaufen Tiroler Art

- 6 altbackene Semmeln
- 1/2 l lauwarme Milch
- weiche Butter für die Form
- 50 g weiche Butter
- 80 g Zucker
- 2 EL Rum
- 4 Eidotter (Eigelb)
- abgeriebene Schale 1/2 unbehandelten Zitrone
- 50 g Rosinen
- 30 g gehackte Mandeln
- 500 g reife Äpfel
- 4 Eiklar (Eiweiß)
- 30 g Butterflöckchen

● Die Semmeln feinblättrig schneiden, in eine Rührschüssel geben, mit der Milch übergießen und ca. 30 Minuten stehen lassen, dabei gelegentlich umrühren. Das Backrohr auf 200 - 220 °C vorheizen.

● Eine größere Auflaufform mit Butter einfetten. Butter, Zucker, Rum und Eidotter zu einer Schaummasse verrühren, die eingeweichten Semmeln, sowie Rosinen und Mandeln unterrühren.

● Die Äpfel schälen, vierteln, vom Kerngehäuse befreien und blättrig schneiden. Gleichmäßig unter die Masse mischen. Das Eiklar steif schlagen und locker unterheben.

● Die Mischung in die vorbereitete Form füllen, mit Butterflöckchen belegen und in 40 - 50 Minuten goldbraun backen.

Unser Tipp:
Anstelle der Äpfel können Sie den Scheiterhaufen auch mit anderem Obst gleicher Menge zubereiten. Besonders gut eignen sich Rhabarber oder Kirschen. Verwenden Sie dann statt der gehackten Mandeln geröstete Haselnüsse.

Jochalstern

6 altbackene Semmeln

Ribiselmarmelade (Johannisbeermarmelade)

Backfett

Backteig:
170 g Mehl

gut 1/4 l Milch

2 Eier, Salz

- Je zwei Semmelschnitten mit Marmelade bestreichen und zusammensetzen. Für den Backteig Mehl mit Milch, Eiern und Salz verrühren.
- Das Backfett in einer großen Pfanne erhitzen.
- Die Semmelschnitten in den Backteig eintauchen, dann dicht nebeneinander in die Pfanne legen und leicht andrücken. Sobald Sie etwas gebacken sind, umdrehen und weiterbacken lassen.
- Gut durchrösten und heiß servieren.

Strauben

1/4 l Milch

1 Prise Salz

200 g Mehl

2 Eier

1 EL Rum oder Schnaps

Butterschmalz als Backfett

Staubzucker (Puderzucker) zum Bestreuen

- Die Milch langsam aufkochen lassen, salzen und das gesiebte Mehl hineinrühren. Etwas abkühlen lassen, dabei gelegentlich durchrühren.
- Die Eidotter (Eigelb) und den Rum oder Schnaps dazugeben und gleichmäßig unterrühren. Das Eiklar (Eiweiß) steif schlagen und vorsichtig unterziehen.
- Den so vorbereiteten Teig aus einem Straubentrichter oder einem Spritzbeutel kreisförmig, bis etwa zu Tel-

lergröße, in das heiße Backfett (Butterschmalz) einlaufen lassen und gleichmäßig gebräunt ausbacken.

- Die so zubereiteten Strauben noch warm mit Staubzucker bestreuen und sofort servieren.

Interessant für Sie:

Die „Strauben" sind in der Tiroler Küche vor allem als Festtagsgebäck bekannt und beliebt. Man backt sie aus unterschiedlichen Teigmassen. Beim vorgenannten Gebäck ist es wichtig, dass der Teig glatt gerührt und gut fließend ist. Strauben lassen sich aber auch aus einem Milch-Brandteig zubereiten. In jedem Fall werden sie mit reichlich Staubzucker bestreut und warm serviert. Dazu gibt es beispielsweise einen kräftigen Hollerwein (Wein aus Holunderbeeren) oder ganz einfach einen guten Kaffee. Werden sie als Hauptgericht serviert, so passt am besten ein Obstkompott oder ein Apfelmus dazu.

Traubenstrudel

Teig:
250 g Mehl
1 Ei
1 - 2 EL Öl, Salz
ca. 60 - 80 ml Wasser

Füllung:
1 kg Weinbeeren (Weintrauben)
80 g Zucker
abgeriebene Schale 1/2 unbehandelten Zitrone
1 TL Zimt
150 g Semmelbrösel
50 g zerlassene Butter
Staubzucker zum Bestreuen

● Das Mehl in eine Schüssel sieben. In die Mitte eine Mulde eindrücken. Das Ei hineinschlagen, Öl und Salz dazugeben. Zu einem glatten Teig verkneten, dabei so viel Wasser hinzufügen, bis der Teig von mittelfester Beschaffenheit ist. Von Hand so lange weiterkneten, bis er „seidig" glänzt. Zugedeckt etwa 30 Minuten rasten lassen.

● Für die Füllung die Weinbeeren gründlich waschen und gut abtropfen lassen. Zucker, Zitronenschale und Zimt mischen. Auf einem Tisch ein großes Tuch ausbreiten und mit Mehl bestreuen. Darauf den Teig sehr dünn ausrollen und von der Mitte her nach außen so lange ausziehen, bis er hauchdünn ist, dann die dickeren Teigenden wegschneiden.

● Die Teigfläche mit Semmelbröseln bestreuen, darauf die Weinbeeren verteilen und mit dem Zucker-Zimtgemisch bestreuen.

● Das Backrohr auf 200 - 220 °C vorheizen.

● Die seitlichen Teigränder einschlagen, den Strudel mit Hilfe des Tuches behutsam aufrollen und auf ein gefettetes Backblech gleiten lassen. Mit etwas zerlassener Butter bestreichen.

● In 40 - 50 Minuten backen. Ab und zu nochmals mit Butter bestreichen. Noch warm mit Staubzucker bestreuen.

Tiroler Bauernlaibl

140 g Zucker	20 - 25 ganze, geschälte Mandeln
2 Eier	
140 - 170 g Mehl	

- Den Zucker mit den Eiern sehr schaumig rühren, das gesiebte Mehl nach und nach untermischen und zwar so viel, dass der Teig nicht zu fest wird und dennoch glatt ist.
- Mit 2 Teelöffeln im Abstand von 2 - 3 cm kleine Teighäufchen auf das gefettete oder mit Backpapier ausgelegte Backblech setzen.
- In die Mitte eines jeden eine ganze Mandel stecken. Im vorgeheizten Backrohr bei 140 - 150 °C in ca. 15 Minuten goldgelb backen.

Menge: ca. 25 Stück

Anislaibl

4 Eier	280 - 300 g Mehl
250 g Staubzucker (Puderzucker)	Butter für das Backblech
	1 TL gemahlener Anis

- Das Backblech mit Butter einfetten und mit Mehl bestäuben. Überflüssiges Mehl abklopfen. Das Backrohr auf 140 - 150 °C vorheizen.
- Eier mit gesiebtem Staubzucker in eine hohe Rührschüssel geben und sehr schaumig schlagen, zuletzt den Anis zugeben und kurz unterrühren.
- Das gesiebte Mehl nach und nach untermischen und zwar so viel, dass der Teig nicht zu fest wird und dennoch glatt ist.
- Mit Hilfe von 2 Teelöffeln im Abstand von 2 - 3 cm kleine Teighäufchen auf das Backblech setzen.
- Die Laibchen in ca. 15 Minuten goldgelb backen.

Menge: ca. 40 Stück

Muskazonerl

140 g Zucker	2 EL Semmelbrösel
2 Eidotter (Eigelb)	1 - 2 EL Rum
1 TL Zitronensaft	20 - 25 Backoblaten
140 g gemahlene Mandeln	

- Zucker und Eidotter in eine hohe Rührschüssel geben und am besten mit dem Elektroquirl sehr schaumig rühren.
- Zitronensaft, gemahlene Mandeln sowie mit Rum befeuchtete Brösel dazugeben und gleichmäßig unterrühren.
- Das Backrohr auf 140 - 160 °C vorheizen. Das Backblech mit Backpapier auslegen, die Oblaten darauf verteilen und auf jede ca. 2 TL der Teigmasse geben. In 15 - 20 Minuten backen.

Menge: ca. 20 - 25 Stück

Ziachkiachl

500 g Mehl	3 Eidotter (Eigelb)
30 g Germ (Hefe)	100 g zerlassene Butter
50 g Zucker	1/2 TL Salz
ca. 1/4 l lauwarme Milch	Backfett

- Das Mehl in eine Schüssel sieben, eine Mulde eindrücken, Germ hineinbröckeln und mit etwas Milch und Zucker verrühren. Dieses „Dampfl" zugedeckt an einem warmen Ort ca. 30 Minuten gehen lassen. Die restliche Milch, Eidotter, Butter und Salz dazugeben und zu einem glatten Teig verarbeiten, der sich gut vom Schüsselrand lösen muss. Nochmals mindestens 15 Minuten gehen lassen.
- Auf bemehlter Arbeitsfläche ausrollen, in gleich große Stücke schneiden, diese zu Kugeln formen und nochmals gehen lassen.
- Das Backfett erhitzen.
- Mit beiden Händen die Kugeln so auseinanderzie-

hen, dass in der Mitte nur ein dünnes Häutchen ist und am Rand ein dicker Wulst entsteht.

- So lange unter einmaligem Umdrehen ausbacken, bis die Kiachl am Rand gut gebräunt sind, die Mitte jedoch noch hell ist.

Unser Tipp:
Nach Tiroler Brauch werden die „Ziachkiachl" entweder süß mit Marmelade gefüllt oder zusammen mit einem Obstkompott serviert.

Abb.:
Ziachkiachl und Brandstrauben

Wuchteln

500 g Mehl, Salz
30 g Germ (Hefe)
ca. 50 ml lauwarme Milch
1 Ei, 75 g Zucker
1 Pa Vanillezucker
80 g weiche Butter
abgeriebene Schale 1/2 unbehandelten Zitrone
100 g Butter zum Backen
Marillen (Aprikosen)-Marmelade oder Zwetschkenmus zum Füllen

- Mehl mit Salz in eine Rührschüssel sieben, in die Mitte eine Vertiefung eindrücken, Germ zerbröckeln, hinzugeben und mit etwas Milch und Zucker verrühren. Dieses „Dampfl" zugedeckt an einem warmen Ort ca. 20 - 30 Minuten gehen lassen.
- Die restliche Milch, den restlichen Zucker, Vanillezucker, Ei, Butter und Zitronenschale hinzugeben und zu einem weichen Teig verarbeiten, der sich gut vom Schüsselrand lösen muss.
- Den Teig auf bemehlter Arbeitsfläche ca. 2 cm dick austreiben, in Quadrate schneiden, darauf je 1 Teelöffel Marmelade oder Zwetschkenmus geben und zusammenfassen.
- Eine größere Bratreine oder eine hitzebeständige Auflaufform mit etwas Butter ausstreichen und die Wuchteln mit der glatten Seite nach oben nebeneinander hineinsetzen. Abgedeckt nochmals 15 - 20 Minuten gehen lassen. Inzwischen das Backrohr auf 180 - 200 °C vorheizen.
- Die Oberseite der Wuchteln mit reichlich Butter bestreichen, in das Backrohr geben und ca. 45 Minuten backen, dabei nochmals mit Butter bestreichen.
- Ist die Oberseite schön hellbraun geworden, so ist das Gebäck fertig.

Unser Tipp:
Zu den Wuchteln passt sehr gut eine Vanillesoße. Hierzu 1/2 l Milch mit etwas Salz und 1/2 Vanilleschote aufkochen. In einem zweiten Topf 2 Eidotter (Eigelbe) mit 75 g Zucker schaumig rühren, 20 g Speisestärke dazugeben und glatt rühren. Nach und

nach unter beständigem Weiterrühren die Vanillemilch dazugeben und noch etwas „köcheln" lassen. Die Vanilleschote entfernen und die Soße unter gelegentlichem Umrühren abkühlen lassen. Nach Belieben mit 50 ml Rahm (süße Sahne) noch verfeinern.

Tiroler Weihnachtszelten

Auf den meisten Tiroler Bauernhöfen und in vielen anderen Familien ist es Tradition, zur Vorweihnachtszeit die „Zelten" zu backen. Nachdem das Gebäck einige Zeit liegen sollte, wurde der Thomastag (28. November) in vielen Gegenden zum Backtag für das geliebte Gebäck ausgewählt. Da es sich hierbei um ein sehr gehaltvolles Gebäck handelt, dessen Zusam-

mensetzung früher schon ein Zeichen für den Wohlstand des Hauses war, werden zunächst die vielen verschiedenen Zutaten vorbereitet: getrocknete Kletzen (Birnen), Zwetschken (Pflaumen) und Feigen sowie Zibeben (große Rosinen) müssen klein geschnitten werden. Haselnüsse, Mandeln und Pignoli (Pinienkerne) sind zu schälen und wie das Zitronat oder Aranzini (Orangeat) fein zu hacken. Dann erst wird der Backteig angesetzt oder in einigen Regionen vom Bäcker bereitgestellt. Zuletzt gibt man die feinen typischen Gewürze wie Anis, Kümmel, Koriander, Zimt, Nelkenpulver und etwas Schnaps hinzu.

Gut ausgekühlt, werden dann die Zeltenlaibe an einem kühlen Ort aufbewahrt.

Von den vielen Rezepten der verschiedenen Regionen Tirols ist das nachfolgende ein besonders typisches:

Zutaten:

- 200 g getrocknete Zwetschken (Pflaumen)
- 300 g getrocknete Kletzen (Birnen)
- 500 g getrocknete Feigen
- 500 g getrocknete Zibeben (große Rosinen)
- 1 1/4 - 1 1/2 l Wasser
- 300 g Haselnüsse
- 500 g Mandeln
- 100 g Pignoli (Pinienkerne)
- 125 g Aranzini (Orangeat)
- 125 g Zitronat
- 150 g Zucker
- je 1/2 TL Nelkenpulver, gem. Anis und Salz
- 2 TL gemahlener Zimt
- Saft und abgeriebene Schale von 2 ungespritzten Orangen
- 4 - 6 EL Schnaps oder Rum
- 2 - 3 EL Zitronensaft
- 1 kg dunkler Brotteig oder Brotteig aus 1 kg Roggenmehl
- 30 g Germ (Hefe), etwas Zucker
- ca. 1/4 l lauwarmes Wasser
- Salz
- Butter für das Backblech
- Zuckerwasser zum Bestreichen

● Die Zwetschken, Kletzen, Feigen und Zibeben kurz kalt abspülen, in eine Schüssel geben und mit Wasser bedeckt am besten über Nacht einweichen lassen.

● Die eingeweichten Früchte abtropfen lassen und in kleine Würfel schneiden. Haselnüsse, Mandeln und Pignoli fein hacken. Mit Aranzini, Zitronat, Zucker, Zimt, Gewürzen, Salz, Orangensaft und -schale sowie Schnaps oder Rum und Zitronensaft zu den Früchten geben. Alles gut vermischen und nochmals einige Zeit durchziehen lassen.

● Den Brotteig bereitstellen oder selbst zubereiten. Hierzu das Roggenmehl in eine Schüssel geben, in die Mitte eine Vertiefung eindrücken, Germ hineinbröckeln und mit etwas Zucker sowie Wasser mischen. Dieses „Dampfl" zugedeckt an einem warmen Ort mindestens 30 Minuten gehen lassen. Das restliche Wasser und Salz hinzugeben, gut verkneten und den Teig nochmals 30 - 40 Minuten gehen lassen.

● Die Früchtemasse zum Brotteig geben und sehr gleichmäßig durchkneten. Längliche oder runde „Zelten" formen, diese nebeneinander auf das gefettete Backblech legen und nochmals gehen lassen. Das Backrohr auf 200 - 220 °C vorheizen.

● Die Zelten unter mehrmaligem Bestreichen mit Zuckerwasser in ca. 60 - 75 Minuten schön gebräunt abbacken. Anschließend sofort vom Blech lösen und gut auskühlen lassen.

Pignolikipferl

300 g gemahlene Mandeln
300 g Zucker
4 Eiklar (Eiweiß)
80 g fein gehackte Rosinen
1 TL Vanillezucker
abgeriebene Schale einer unbehandelten Zitrone
ca. 200 g Pignoli (Pinienkerne)

- Die Mandeln mit dem Zucker und dem steif geschlagenen Eischnee sowie dem Vanillezucker und der abgeriebenen Zitronenschale mischen.
- In einer größeren Pfanne auf niedriger Stufe so lange erhitzen, bis eine weiche, formbare Masse entsteht. Dann erst die Rosinen dazugeben und kurz unterkneten.
- Den Teig zu 2 länglichen Rollen formen und im Kühlschrank ca. 1/2 Stunde rasten lassen.
- Anschließend in ca. 1 cm dicke Scheiben schneiden, diese zu Kipferl formen und mit Pignolikernen bestreuen.
- Auf ein gefettetes Backblech legen und bei 180 - 200 °C in 15 - 20 Minuten backen.

Oberinntaler Lebkuchen

- 125 g Zucker
- 2 Eier
- 125 g Honig
- 150 g gemahlene Haselnüsse
- 70 g Aranzini (Orangeat)
- 2 TL Zimt
- 1 Msp Gewürznelkenpulver
- etwas geriebene Muskatnuss
- abgeriebene Schale 1/2 unbehandelten Zitrone
- 2 gestr. TL Backpulver
- 250 g Mehl

● Zucker und Eier sehr schaumig rühren, den flüssigen Honig und die gemahlenen Nüsse dazugeben und weiterrühren. Fein geschnittene Aranzini, Zimt, Gewürze sowie abgeriebene Zitronenschale dazugeben und einarbeiten.

● Zuletzt das mit Backpulver gemischte und dann gesiebte Mehl hinzufügen und gleichmäßig unterrühren.

● Den Teig mindestens 1 Stunde lang rasten lassen.

● Anschließend auf einem bemehlten Blech nochmals durchkneten, ca. 1 cm dick ausrollen, runde oder eckige Formen ausstechen, auf ein gut gefettetes Backblech legen und bei 170 - 190 °C in 20 - 25 Minuten backen.

Unser Tipp:
Als Garnitur für die Lebkuchen können Sie 50 g halbierte Mandeln verwenden. Vor dem Backen die Lebkuchen mit versprudeltem Ei bestreichen. Dann die Mandeln dekorativ auflegen.

Dunkler Kirschkuchen

100 g weiche Butter	100 g geraspelte Schokolade
100 g Zucker	1 TL Kakao
1 Pa Vanillezucker	5 Eiklar (Eiweiß)
1 Prise Salz	100 g Zucker
5 Eidotter (Eigelb)	350 g entsteinte Kirschen
100 g gemahlene Mandeln	Butter und Semmelbrösel für die Form
6 EL Milch	Staubzucker zum Bestreuen
200 g Mehl	
1/2 Pa Backpulver	

- Eine Torten- oder Kranzform, Ø 26 cm, einfetten und mit Semmelbrösel ausstreuen. Das Backrohr auf 170 - 190 °C vorheizen.
- Nacheinander Butter mit Zucker, Vanillezucker, Salz und Eidottern sehr schaumig rühren. Gemahlene Mandeln und Milch hinzufügen. Mehl mit Backpulver vermischt darübersieben und gleichmäßig unterrühren. Geraspelte Schokolade und Kakao hinzugeben und kurz untermischen.
- Eiklar halbsteif schlagen, den Zucker nach und nach einrieseln lassen und weiterschlagen bis die Masse schnittfest ist. 3 Esslöffel des Eischnees unter den Teig rühren, den Rest gleichmäßig unterziehen.
- Den Teig sofort in die vorbereitete Form füllen, glatt streichen und die Kirschen gleichmäßig darauf verteilen.
- In 50 - 65 Minuten backen, dann in der Form etwas abdampfen lassen, stürzen und abgekühlt mit Staubzucker bestreuen.

Unser Tipp:

Servieren Sie zum Kirschkuchen eine typische Spezialität: die „Maibutter". Hierzu wird 1/4 l Schlagobers (süße Sahne) mit 60 g Zucker steifgeschlagen und zuletzt mit etwas Zimt bestreut.

Innsbrucker Kuchen

● Die Sultaninen heiß waschen, abtropfen, gut trockentupfen und mit etwas Rum beträufelt ca. 1 Stunde gut durchziehen lassen.

● Zitronat und Aranzini klein schneiden.

● Die Butter mit dem Zucker sehr schaumig rühren, die Eier nach und nach hinzufügen und beständig weiterrühren. Vanillezucker, abgeriebene Zitronenschale und tropfenweise den Rum dazugeben. Mit Backpulver gesiebtes Mehl, Salz, die Sultaninen, Zitronat und Aranzini hinzufügen und alles zu einem geschmeidigen Teig verarbeiten.

60 g Sultaninen
1 EL Rum
60 g Zitronat
60 g Aranzini (Orangeat)
200 g Butter
200 g Zucker
6 Eier
1 Pa Vanillezucker
abgeriebene Schale 1/2 unbehandelten Zitrone
3 EL Rum
1/2 Pa Backpulver
300 g Mehl, 1 Prise Salz
Butter und Semmelbrösel für die Form

● Eine große Kastenform (Länge 28 cm) einfetten und mit Semmelbrösel ausstreuen. Den Teig einfüllen und im auf 170 - 190 °C vorgeheizten Backrohr in 50 - 60 Minuten abbacken.

Unser Tipp:
Gut ausgekühlt und in Alufolie fest verpackt schmeckt der Innsbrucker Kuchen auch nach Tagen noch wie frisch gebacken.

Tiroler Nuss-Früchte-Stollen

Teig:
- 500 g Mehl
- 40 g Germ (Hefe)
- 120 g Zucker
- ca. 1/8 l lauwarme Milch
- 1 Ei
- 160 g weiche Butter

Füllung:
- 50 g gehackte Pistazien
- 50 g Haselnüsse
- 50 g getrocknete Marillen (Aprikosen)
- 50 g gehacktes Zitronat
- 100 g Marzipan
- 100 ml süßer Rahm (Sahne)

Zum Bestreichen:
- 80 g flüssige Butter

Zum Bestreuen:
- Staubzucker

● Für den Teig das Mehl in eine hohe Rührschüssel sieben. In die Mitte eine Vertiefung eindrücken, Germ hineinbröckeln und mit etwas Milch und Zucker verrühren. Dieses „Dampfl" zugedeckt an einem warmen Ort ca. 15 - 20 Minuten gehen lassen.

● Die restliche Milch und den restlichen Zucker dazugeben, Ei und Butter hinzufügen und das Ganze zu einem geschmeidigen Teig verarbeiten. Der Teig ist gut, wenn er sich leicht vom Schüsselrand löst und „Blasen" wirft. Zugedeckt ca. 30 Minuten gehen lassen.

● Inzwischen die Füllung vorbereiten. Hierzu Pistazien und Haselnüsse grob hacken, Marillen und Zitronat fein schneiden, hinzufügen und diese Mischung mit dem ebenfalls kleingeschnittenen Marzipan sowie dem Rahm zu einer geschmeidigen Masse verkneten.

● Den aufgegangenen Germteig auf bemehlter Arbeitsfläche zu einem Rechteck ausrollen, die Füllung darauf gleichmäßig verteilen, dann die Längsseiten übereinanderklappen, so dass die typische Stollenform entsteht. Das Backrohr auf 170 - 190 °C

vorheizen.
- Den Stollen auf ein gefettetes Backblech geben, nochmals etwas rasten lassen, dann im heißen Backrohr in 45 - 55 Minuten backen.

- Abgekühlt mit reichlich Staubzucker bestreuen.

Feiner Mohnguglhupf

- Die Guglhupfform einfetten und mit Semmelbröseln ausstreuen. Das Backrohr auf 170 - 190 °C vorheizen.

- Nacheinander Butter mit Zucker, Salz, Vanillezucker und Eiern sehr schaumig rühren. Mehl mit Stärkemehl und Backpulver vermischt darübersieben und gleichmäßig unterrühren. Zuletzt

250 g weiche Butter
200 g Zucker, 1 Prise Salz
1 Pa Vanillezucker
4 Eier
300 g Mehl
100 g Stärkemehl
1 Pa Backpulver
3 EL Rum
ca. 1/8 l Milch
50 g gemahlene Mandeln
120 - 150 g gemahlener Mohn
Staubzucker (Puderzucker) zum Bestreuen
Butter und Semmelbrösel für die Form

Rum, Milch, gemahlene Mandeln und Mohn unter den Teig mischen. Diesen in die vorbereitete Form füllen und in 60 - 70 Minuten backen.

● In der Form kurz abdampfen lassen, dann stürzen und abgekühlt mit Staubzucker bestreuen.

Haller Törteln

Muskazonenteig:	30 g Zitronat
200 g gemahlene Mandeln	Zimt, Kardamom, Nelkenpulver
200 g Staubzucker (Puderzucker)	4 Eiklar (Eiweiß)
Zimt, Nelkenpulver	Backoblaten (Ø 10 cm)
Haller Törtelteig:	Zuckereis (Glasur):
4 Eidotter (Eigelb)	160 g Staubzucker (Puderzucker)
1 Ei, 250 g Zucker	1 Eiklar (Eiweiß)
250 g gemahlene Mandeln	1 - 2 TL heißes Wasser
30 g Aranzini (Orangeat)	

- Zunächst die gemahlenen Mandeln mit dem gesiebten Staubzucker, dem Ei und den Gewürzen zu einem geschmeidigen Muskazonenteig verarbeiten. Beiseite stellen.
- In einer zweiten Rührschüssel Eidotter mit dem Zucker ebenfalls sehr schaumig schlagen, gemahlene Mandeln und fein geschnittene Aranzini sowie Zitronat und Gewürze dazugeben. Das Eiklar zu steifem Schnee verschlagen und unterheben.
- Das Backrohr auf 130 - 150 °C vorheizen. Die Oblaten auf dem Backblech verteilen.
- Zunächst den Muskazonenteig in einen Spritzbeutel füllen und damit einen Kreis auf den Rand der Oblaten aufspritzen. In die Mitte den Haller Törtelteig einfüllen und das so vorbereitete Gebäck in ca. 30 - 40 Minuten abbacken.
- Für die Zuckereis-Garnitur den gesiebten Staubzucker mit einem Eiklar sowie heißem Wasser verrühren. Damit die abgekühlten Haller Törteln beliebig garnieren.

Menge: ca. 30 Stück

Unser Tipp:

Für die „Zuckereis"-Garnitur können Sie anstelle des heißen Wassers auch Zitronen- oder durchpassierten frischen Orangensaft verwenden.

Brotbacken

Brot zählt in Tirol zu einem der wichtigsten Grundnahrungsmittel und hat daher eine alte sowie große Tradition. Zwar hat in den letzten Jahren das Angebot der Bäcker an Vielfalt stark zugenommen, das Selberbacken ermöglicht jedoch immer ein preiswertes und abwechslungsreiches Brot zu backen.

In Tirol werden bevorzugt Weizen-, Roggen- und Mischbrote aus diesen beiden Getreidearten gegessen. Weizen- und Roggenmehl zeichnen sich durch ihre besonders gute Backfähigkeit aus. Als Treibmittel verwendet man Germ (Hefe) oder Sauerteig. Die gebräuchlichsten Gewürze sind Salz, Kümmel, Fenchel und verschiedene Kerne.

Wichtig ist, dass der Teig genügend lang aufgehen kann und gut durchgeknetet wird. Daher finden Sie nachfolgend erst einmal die wichtigsten Tipps zum Brotbacken.

Mehl
Vollkornmehle aus Weizen oder Roggen sollten stets sofort nach dem Vermahlen weiterverarbeitet werden, da das Mehl sonst an Geschmack und Aroma verliert, wenn es länger stehenbleibt.

Wasser/Flüssigkeit
Gleich, ob Wasser oder eine andere Flüssigkeit, wie beispielsweise Sauermilch (Buttermilch) zugesetzt wird, immer gilt:

- Die **Flüssigkeit** sollte **lauwarm** (am besten 35 °C) sein. Die Flüssigkeit wird immer nach und nach zum Teig gegeben. Die Menge richtet sich nach der Quellfähigkeit des Mehles. Abgelagertes Mehl braucht **weniger**, frisch gemahlenes Mehl möglicherweise **mehr** Flüssigkeit.

- Der **Teig** darf keinesfalls zu weich, sondern sollte elastisch und fest sein. Er darf nicht „kleben“.

Teiglockerung

Als Teiglockerungsmittel haben sich

- Germ (Hefe) für Weizenmehlbrote und
- Sauerteig für Roggenmehlbrote bewährt.

Für die Zubereitung von Mischbroten ist auch eine Kombination von Germ mit Sauermilch oder von

Germ mit Sauerteig empfehlenswert. Der Germ sollte stets frisch sein und einen weinähnlichen Geruch aufweisen.
Getrockneter Germ eignet sich nur dann, wenn es sich um ein Spezialprodukt für das Backen von Brot handelt.

Tipps zum Brotbacken und zur Teigbereitung

- Die Küche sollte gleichmäßig warm und zugfrei sein.
- Alle Zutaten sollten Raumtemperatur haben, die Flüssigkeit sollte lauwarm (ca. 35 °C) sein.
- Möchten Sie mit Sauerteig arbeiten, so verwenden Sie keine Metallschüsseln, besser sind Rührschüsseln aus Kunststoff oder Porzellan.
- Geben Sie die Flüssigkeit stets nach und nach zum Teig. Der Teig muss elastisch und fest sein.
- Der Brotteig sollte immer gut geknetet werden.
  Am besten setzen Sie für schwere Teige eine Küchenmaschine ein.
  Der Teig ist so lange zu kneten, bis er sich vom Schüsselboden löst.
- Teige mit einem hohen Roggenmehlanteil „kleben“ leicht. Lassen Sie das Mehl daher nach der Flüssigkeitszugabe erst ca. 10 Minuten „quellen“.
  Kneten Sie erst dann weiter, bis der Teig geschmeidig ist.
- Brotteig sollte genügend Zeit zum Aufgehen haben. Bei Weizenmehlteigen reichen die üblichen Zeiten. Brotteige mit Sauerteigzusatz können bis zu 60 Minuten benötigen. Die Gehzeiten in den einzelnen Rezepten sind daher nur Richtwerte.
- Weizenbrote mit Hefe backen Sie am besten bei konstanter Temperatur. Für Roggen- oder Mischbrote mit Sauerteig hat sich eine „abfallende“ Temperatur (Vorheizen auf 210 - 230 °C, Ausbacken bei 180 - 200 °C) bewährt.
- Das Brot ist durchgebacken, wenn es beim Klopfen auf der Unterseite „hohl“ klingt oder eine Kerntemperatur von 90 - 95 °C aufweist.
- Geben Sie das fertige Brot immer auf einen Backrost zum Auskühlen, damit alle Feuchtigkeit entweichen kann.

Rustikales Bauernbrot

150 g grobes Roggenmehl	700 - 750 ml lauwarmes Wasser
300 g feines Roggenmehl	150 g Sauerteig
350 g Weizenmehl	40 g Germ (Hefe)
450 g grobes Weizenmehl	etwas Roggenmehl, Öl für das Backblech
40 g Sonnenblumenkerne	
Salz, Pfeffer, Brotgewürz	

- Die verschiedenen Mehlsorten mit den Sonnenblumenkernen und den Gewürzen in einer größeren Rührschüssel gut vermischen. In die Mitte eine Vertiefung eindrücken, Germ hineinbröckeln und etwas anlösen.

- Den Sauerteig dazugeben und unter langsamem Zufügen des restlichen Wassers zu einem geschmeidigen Teig verarbeiten. Hierzu setzt man am besten eine leistungsfähige Küchenmaschine mit Knethaken ein.

- Den so vorbereiteten Teig von Hand nochmals kräftigst durchkneten und zu einer Kugel formen.

- Zugedeckt an einem warmen Ort mindestens 20 - 30 Minuten aufgehen lassen. Das Backrohr auf 210 - 230 °C vorheizen.

- Das Backblech mit Öl einfetten und mit etwas Mehl bestreuen. Den aufgegangenen Teig nochmals durchkneten, zu einem schönen Laib formen und auf das Backblech geben.

- An der Oberseite mehrfach mit einer Gabel einstechen oder mit einem scharfen Messer karoförmig einschneiden.

- Mit Wasser bestreichen, dann in das heiße Backrohr schieben und nach etwa 15 - 20 Minuten die Temperatur auf 180 - 200 °C herunterschalten.

- Die gesamte Backzeit beträgt etwa 60 - 75 Minuten.

Unser Tipp:
Anstelle der Sonnenblumenkerne können Sie auch geschälte Kürbiskerne verwenden.

Vierkornbrot

250 g Roggenmehl	
500 g Weizenmehl	
40 g Germ (Hefe)	
2 EL flüssiger Honig	
ca. 1/4 l lauwarmes Wasser	
ca. 1/4 l lauwarme Sauermilch (Buttermilch)	
2 - 3 EL Leinsamen	
2 - 3 EL Sonnenblumenkerne	
1 - 2 EL Kürbiskerne	
1/2 - 1 EL Salz, Pfeffer	
1 EL Brotgewürz	

● Die beiden Mehlsorten mischen, in eine größere Schüssel geben, in die Mitte eine Vertiefung drücken, Germ hineinbröckeln und mit Honig sowie etwas lauwarmem Wasser zu einem dicklichen Brei verrühren.

● Zugedeckt an einem warmen Ort ca. 20 - 25 Minuten gehen lassen, dann alle restlichen Zutaten nach und nach dazugeben und zu einem geschmeidigen Teig verarbeiten. Hierzu am besten die Küchenmaschine mit

Knetern einsetzen. Nun die Teigmasse nochmals kräftig durchkneten und in eine gut gefettete, große Kastenform geben. Nochmals 20 - 30 Minuten zugedeckt gehen lassen. Das Backrohr auf 180 - 200 °C vorheizen.

- Den aufgegangenen Teig an der Oberseite mehrfach mit einer Gabel einstechen und nun die Form auf den Rost in das heiße Backrohr stellen.
- Die Backzeit beträgt etwa 50 - 65 Minuten.

Fastenbrezeln

500 g Weizenvollkornmehl	60 - 70 g Germ (Hefe)
500 g Weizenmehl	1 l Natronlauge (5 %ige) aus der Apotheke
ca. 570 - 600 ml lauwarmes Wasser	grobes Salz zum Bestreuen
30 g Salz	Fett für das Backblech

● Die beiden Mehlsorten in eine Rührschüssel geben und mischen. Germ in etwas Wasser auflösen und mit dem restlichen Wasser zum Mehl geben. Alles gut vermischen und kräftig durchkneten. Hierzu am besten die Küchenmaschine mit Knethaken einsetzen.

● Ist der Teig geschmeidig, so wird er in Stücke von etwa 60 - 70 g aufgeteilt. Diese zu Rollen von 25 - 30 cm Länge formen, und zwar so, dass die Mitte etwas dicker ist. Daraus nun die Brezeln formen, auf ein bemehltes Blech legen und etwa 30 - 40 Minuten gehen lassen.

● Die angewärmte Natronlauge in ein Porzellangefäß geben, jede Brezel kurz eintauchen und anschließend auf ein gut gefettetes und leicht bemehltes Backblech geben.

● Im auf 210 - 230 °C vorgeheizten Backrohr in 15 - 25 Minuten backen, vorher nach Belieben noch mit grobem Salz bestreuen. Möglichst frischgebacken servieren.

Speck-Zwiebel-Brot

1 kg Weizenmehl	150 g geräucherter, durchwachsener Tiroler Speck
40 g Germ (Hefe)	150 g Zwiebeln
ca. 3/4 l lauwarmes Wasser	Butter oder Öl für das Blackblech
1 TL Salz, Pfeffer	

- Zunächst den Speck in feine Würfel schneiden und in einer großen Pfanne knusprig ausbraten. Inzwischen die Zwiebeln schälen, fein hacken, zum Speck geben und schön glasig dünsten. Unter ständigem Wenden abkühlen lassen.

- Für den Germteig das Mehl in eine Rührschüssel geben und in die Mitte eine Vertiefung eindrücken, Germ hineinbröckeln, etwas Wasser darübergeben und unter Zugabe von etwas Mehl zu einem dicklichen Brei vermischen.

- Zugedeckt an einem warmen Ort etwa 20 - 30 Minuten gehen lassen.

- Das Salz in der restlichen, noch warmen Flüssigkeit auflösen. Abwechselnd die Speck-Zwiebel-Mischung und das Wasser zum Vorteig geben, dabei gut durchkneten. Hierzu am besten die Küchenmaschine mit Knetern einsetzen.

- Nun aus der Teigmasse einen runden Laib formen, diesen auf das gut gefettete Blackblech legen und nochmals 15 - 20 Minuten gehen lassen.

- In dieser Zeit das Backrohr auf 200 - 220 °C vorheizen. Das Brot an der Oberseite mehrfach mit einer Gabel einstechen, einschieben und in 45 - 60 Minuten backen.

Zu den Rezepten:
Die Angaben für das Backen beziehen sich auf Backöfen mit Ober- und Unterhitze. Möchten Sie die jeweiligen Rezepte mit Heißluft zubereiten, so stellen Sie ca. 20 °C niedriger ein. Die Backzeiten bleiben in der Regel gleich.

Zum Gebrauch des Buches:
Es werden mehrfach Abkürzungen benutzt, die ich Ihnen nachstehend noch kurz erklären möchte:

EL	Esslöffel
TL	Teelöffel
Msp	Messerspitze
g	Gramm
kg	Kilogramm
l	Liter
cl	Zentiliter
geh.	gehäuft
ger.	gerieben
gem.	gemahlen
Pa	Päckchen
vorgek.	vorgekocht

Bildnachweis:
Fotostudio Teubner, Füssen: Titelbild, 25, 27, 39, 47, 61
Österreich-Werbung: Umschlagrückseite, 1, 2, 5
Günther Haas, Innsbruck: 3
Fa. R. Bosch, Hausgeräte GmbH, München: 16, 64, 67, 68, 72, 77
Komplettbüro GmbH, München: 23, 31
Siggloch Edition, Künzelsau: 12, 43
Landesausschuss d. auton. Provinz Bozen: 8, 40, 41
Bildarchiv d. Oberösterreichischen Kraftwerke, Linz: 14, 51
Salzburger Land, Tourismus Ges.: 19, 20
Langnese-Iglo GmbH, Hamburg: 29
Fotostudio Sattelberger, München: 45, 55, 58
Knorr-Maizena, Heilbronn: 57
Vitri, Mühltal: 33

Autorin und Verlag danken den oben genannten Unternehmen für die umfangreiche und freundliche Bereitstellung des Bildmaterials.

Fax 0043 (0) 512/265561-8
E-mail: kompass@kompass.at
http://www.kompass.at
Verlagsnummer 1703
ISBN 978-3-85491-708-3

KOMPASS **Küchenschätze**

VERSCHIEDENE THEMEN

1749 Almkochbuch, Das kleine
1728 Aufläufe, Gratins, Quiches und Tartes
1724 Backbuch, Das kleine feine
1735 Brotbacken, Das kleine Buch vom
1745 Bärlauch, Knoblauch & Zwiebel
1747 Bayerischen Bier, Das kleine Buch vom
1740 Desserts, Köstliche
1739 Einmachen, Das kleine Buch vom
1730 Fischkochbuch, Das kleine
1738 Grillen, Das kleine Buch vom
1725 Hausmittel, Alte
1723 Heilkräuter für Leib und Seele
1733 Käsekochbuch, Das kleine
1750 Klosterküche, Das Beste aus der
1720 Knödel
1742 Kürbiskochbuch, Das kleine
1721 Natur-Heilschnäpse, Magenbitter und Liköre
1748 Omas Küchenschätze
1726 Pasta, Pizza und Risotto
1732 Pilzkochbuch, Das kleine
1731 Salatbuch, Das kleine bunte
1744 Schokolade, Das kleine Buch der
1729 Strudel und Blätterteig
1741 Suppen und Eintöpfe, Feine
1734 Vegetarisch kochen
1722 Weihnachtsbäckerei

ÖSTERREICH

1705 Kärntner Spezialitäten
1736 Österreichische Kaffeebuch, Das kleine
1710 Österreichische Mehlspeisen
1700 Österreichische Spezialitäten
1702 Österreichische Weihnachtsbäckerei
1704 Salzburger Spezialitäten
1707 Steirische Spezialitäten
1703 Tiroler Spezialitäten
1706 Vorarlberger Spezialitäten
1709 Wiener Spezialitäten

DEUTSCHLAND

1708 Bayerische Schmankerl
1727 Berliner Spezialitäten
1715 Fränkische Spezialitäten
1711 Mecklenburg und Vorpommern, Spezialitäten aus
1712 Schleswig-Holstein und Hamburg, Spezialitäten aus
1714 Schwäbische Spezialitäten
1713 Thüringen, Spezialitäten aus

ITALIEN

1754 Südtiroler Backrezepte
1701 Südtiroler Spezialitäten
1746 Südtiroler Speckbuch, Das kleine
1850 Weinkellereien im Trentino

ENGLISCH
(in Deutschland nicht erhältlich)

1717 Austrian Pastries and Desserts/ Österr. Mehlspeisen
1718 Austrian Specialties/ Österr. Spezialitäten
1743 Dumplings/Knödel
1719 Tyrolean Specialties/ Tiroler Spezialitäten
1716 Viennese Specialties/ Wiener Spezialitäten

www.kompass.at